Ernst Probst

Beate Uhse - Deutschlands erste Stuntpilotin

GRIN Verlag

GRIN - Your knowledge has value

Der GRIN Verlag publiziert seit 1998 wissenschaftliche Arbeiten von Studenten, Hochschullehrern und anderen Akademikern als eBook und gedrucktes Buch. Die Verlagswebsite www.grin.com ist die ideale Plattform zur Veröffentlichung von Hausarbeiten, Abschlussarbeiten, wissenschaftlichen Aufsätzen, Dissertationen und Fachbüchern.

Besuchen Sie uns im Internet:

http://www.grin.com/

http://www.facebook.com/grincom

http://www.twitter.com/grin_com

Beate Uhse (1919–2001),
geborene Köstlin,
Zeichnung: Marc Heiko Ulrich, Hassel (Weser),
Kunstzeichner.de

Ernst Probst

Beate Uhse

Deutschlands
erste Stuntpilotin

Beate Uhse (1919–2001)
gewidmet

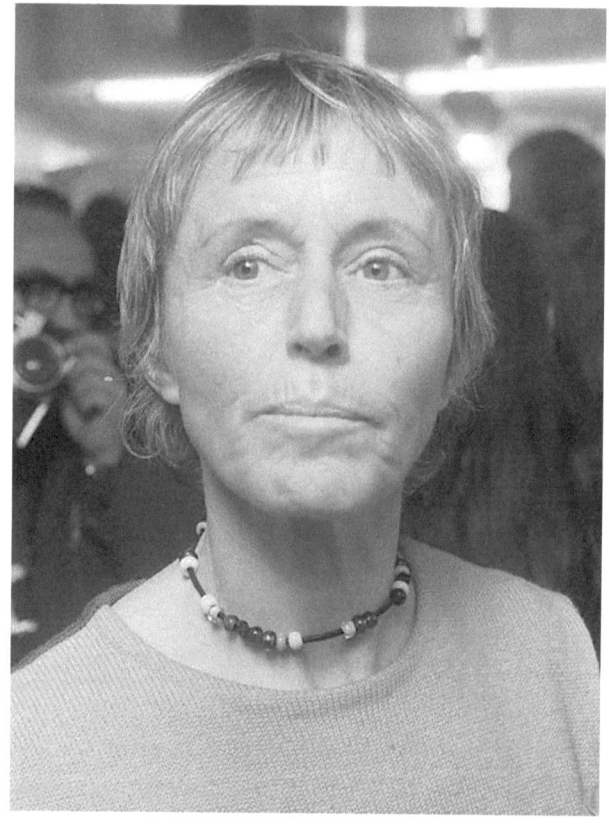

Beate Uhse im April 1971 in einem Sexshop in Amsterdam,
Foto: Rob C. Croes / Anefo, Nationaal Archief,
http://www.gahetna.nl/en / http://www.spaarnestadphoto.nl /
CC-BY-SA3.0 (via Wikimedia Commons),
lizensiert unter CreativeCommons-Lizenz by-sa-3.0-en,
http://creativecommons.org/licenses/by-sa/3.0/legalcode

Die erste und einzige Stuntpilotin in Deutschland war Beate Uhse (1919–2001), geborene Köstlin. Sie doubelte in Kinofilmen männliche Filmschauspieler, die Rollen als Piloten hatten. Außerdem galt sie als tüchtige Sportfliegerin, Kunstfliegerin, Einfliegerin und Überführungsfliegerin. Später machte sie auch als Gründerin des ersten Sexshops, erfolgreichste Sexartikelversenderin der Welt und als eine der tüchtigsten Unternehmerinnen Deutschlands von sich reden.

Beate Köstlin kam am 25. Oktober 1919 als jüngstes von drei Kindern des Gutsbesitzers Otto Köstlin und der Ärztin Margarete Köstlin-Räntsch auf dem Gut Wargenau bei Cranz in Ostpreußen zur Welt. Der im schwäbischen Ochsenhausen geborene und im Ersten Weltkrieg schwer verletzte Vater hatte das Gut 1917 gekauft. Die Mutter Margarete stammte aus einer wohlhabenden Berliner Brauereifamilie, die mit dem Reichsbankpräsidenten Hjalmar Schacht (1877–1970) verwandt war. Beate hatte einen älteren Bruder namens Ulrich und eine ältere Schwester namens Elisabeth.

Im Spätsommer 1927 hatte Beate ein Schlüsselerlebnis, das ihr Interesse an der Fliegerei nachhaltig weckte. Damals stellten sich zwei Piloten auf Gut Wargenau vor und fragten ihren Vater, ob sie eines seiner Felder, auf dem die Sommergerste bereits geerntet war, zum Starten und Landen ihres Flugzeuges nutzen dürften. Von diesem Stoppelfeld aus wollten sie Rundflüge über Ostpreußen unternehmen. Der Vater hatte nichts dagegen und einmal durfte auch die kleine Beate mit diesen Piloten fliegen, die sie damals für leibhaftige Helden hielt.

Im Herbst 1927 hörte die Achtjährige, die gerne Geschichten über das Fliegen erfuhr, von ihrem Bruder Ulrich die griechische Sage von Ikarus. Dieser Held floh aus dem kretischen

Strand von Cranz in Ostpreußen, heute Zelenogradsk,
auf einer alten Postkarte,
Foto: Landsmannschaft Ostpreußen e.V., Hamburg,
Bundesgeschäftsführer: Dr. Sebastian Husen
www.bildarchiv-ostpreussen.de/index.html

Ostseebad Cranz

Bellevue und Strandhôtel

 Dr. Trenkler Co., Leipzig. 21 595

Ostseebad Cranz in Ostpreußen, heute Zelenogradsk,
auf einer alten Postkarte,
Foto: Landsmannschaft Ostpreußen e.V., Hamburg,
Bundesgeschäftsführer: Dr. Sebastian Husen
www.bildarchiv-ostpreussen.de/index.html

Stich „Icarus" von Hendrick Goltzius (1558–1617)
nach Cornelis Cornelisz van Haarlem (1562–1638),
Aufbewahrungsort: New York Public Library, New York City

Labyrinth mit Hilfe von künstlichen Flügeln aus Wachs, kam der Sonne zu nahe, wobei das Wachs schmolz und er in Meer abstürzte. Diese Sage gefiel Beate so gut, dass sie – mit Hilfe des Stellmachers auf Gut Wargenau – Flügel aus Latten, Drachenpapier und Federn anfertigte, mit denen sie vergebliche Flugversuche unternahm. Bei einem Sprung vom Dach der Veranda zerbrachen die Flügel und Beate erlitt auf dem harten Kiesweg Prellungen, Schürfungen und Bänderzerrungen.

Am liebsten spielte Beate mit ihren Teddybären und mit Jungen. Ihr Vater erklärte ihr Pflanzen und Tiere und machte sie mit der Natur vertraut. Einmal schenkte er ihr eine strapazierfähige Lederhose aus seinem Geburtsort Ochsenhausen, genau das richtige Kleidungsstück für einen Wildfang. Beide Elternteile sagten Beate, wenn sie im Leben etwas wirklich wolle, werde sie das auch erreichen. Von ihrer Mutter wurde sie früh aufgeklärt.

Zunächst ging Beate Köstlin im benachbarten Badeort Cranz zur Schule. Danach wurde sie in das Landschulheim auf der ostfriesischen Insel Juist geschickt und später, als diese Schule geschlossen wurde, auf die renommierte Odenwaldschule in Oberhambach (Bergstraße).

Im Landschulheim Juist war der Schriftsteller Martin Luserke (1890–1968) einer der Lehrer von Beate Köstlin. Der von ihr bewunderte Pädagoge lebte lange Zeit auf seinem kleinen Schiff „Krähe" in der Ostsee. Beate half ihm, die „Krähe" in die Nordsee zu überführen.

Im Alter von 15 Jahren wurde die sehr sportliche Beate Köstlin hessische Meisterin im Speerwerfen. Als sie 16 Jahre alt war, verließ sie die Odenwaldschule. Dies geschah zwei Jahre vor ihrem Abitur. Ihre Mutter bedauerte dies sehr, weil sie davon geträumt hatte, dass Beate Ärztin wird. Der Vater hätte es gerne gesehen, dass Beate seine Nachfolge auf Gut Wargenau antritt. Beides wollte Beate aber nicht. Sie war wie besessen von dem Gedanken, Pilotin zu werden.

1935 ging Beate Köstlin fast ein Jahr lang als Au-pair-Mädchen nach England, weil Englisch die Sprache der Flieger war. Anschließend kehrte sie auf das elterliche Gut Wargenau zurück und machte dort auf Wunsch der Mutter eine halbjährige Ausbildung in Hauswirtschaft.

Als der Vater von Beate mit dem Zug zur „Grünen Woche" nach Berlin fuhr, lernte er im Schlafwagen den Motorsportreferenten Wilhelm Sachsenberg (geboren 1904) beim „Deutschen Aero-Club" kennen. Köstlin erzählte Sachsenberg, er habe eine 17-jährige Tochter, die unbedingt fliegen wolle, und fragte, ob das Quatsch sei. Sachsenberg schickte danach Beate Informationsmaterial des „Deutschen Aero-Clubs" und ihre Eltern stimmten dem Besuch einer Flugschule zu.

Am 7. August 1937 durfte Beate Köstlin an der „Reichsschule für Motorflug" in Rangsdorf bei Berlin in einer „Heinkel He 72" zusammen mit Fluglehrer Tobaschefski erstmals fliegen. Zweieinhalb Wochen später unternahm sie ihren ersten Alleinflug. Mit einem Soloflug von Rangsdorf über Magdeburg, Halle/Saale, Leipzig und wieder zurück nach Rangsdorf beendete sie im Oktober 1937 ihre Ausbildung.

Sie bestand diese Prüfung mit „sehr gut", erhielt kurz vor ihrem 18. Geburtstag den Flugzeugführerschein A2 und wünschte sich „Fliegen" als Beruf. Ihr nächstes Ziel war, Einfliegerin zu werden.

Vom 1. November 1937 bis zum 30. April 1938 arbeitete Beate Köstlin als Praktikantin bei der „Bücker Flugzeugbau GmbH" in Rangsdorf und lernte alle Bereiche dieser Firma kennen. Zu jener Zeit konnte sie sich auf den Flugzeugen „Gotha Go

145" und „Arado Ar 66" bis zur Klasse B1 weiterschulen und mit der Kunstflugschulung beginnen. Ihr damaliger Fluglehrer war Hans-Jürgen Uhse.

Im Juli 1938 erreichte Beate Köstlin beim „1. Zuverlässigkeitsflug für Sportfliegerinnen" unter 13 Teilnehmerinnen einen beachtlichen Erfolg. Sie kam mit einer „Klemm L 25 D-Ekik" nach Melitta Schenk Gräfin von Stauffenberg (1903–1945), geborene Schiller, auf den zweiten Platz.

Zusammen mit drei Luftwaffenoffizieren und zwei Sportfliegern durfte Beate Köstlin vom 28. bis 31. Juli 1938 Deutschland bei einem Luftrennen in Courtrai (Kortrijk, Belgien) vertreten. Mit einer „Bücker Bü 131 A" wurde sie Erste in ihrer Klasse, Zweite bei Ziellandungen und Dritte beim Pünktlichkeitsflug. Zum Abschluss gab es ein Bankett mit Siegerehrung im Rathaus von Brüssel.

Am 19. August 1938 bestand die 18-jährige Beate Köstlin die Kunstflugprüfung K1. Im Mai 1939 schaffte sie auch die Kunstflugprüfung K2. Ein Vierteljahr später wurde sie beim Zuverlässigkeitsflug der Sportfliegerinnen hinter Liesel Bach (1905–1992) mit einer „Bücker Bü 180" und Luise Harden mit einer „Siebel Si 202" auf einer „Bü" Dritte.

Die „Bücker Flugzeugbau GmbH" schickte Beate Köstlin am 20. August 1939 mit einer „Bü 133 Jungmeister" nach Thüro in Dänemark. Dort machte sie Kunstflugvorführungen mit diesem Flugzeug.

Während des Zweiten Weltkrieges unternahm Beate Köstlin zahlreiche Werksflüge, Überführungsflüge, Umschulungsflüge sowie Platzflüge, Wetterflüge und Überlandflüge. Ihr Flugbuch weist zwischen dem 1. September 1939 und dem 30. April 1945 ingesamt 1.072 Eintragungen auf. Von Fliegerkollegen wurde sie scherzhaft „Maxe" genannt.

*Melitta Schenk
Gräfin von Stauffenberg (1903–1945),
geborene Melitta Schiller,
Foto: Archiv Heiko Peter Melle, Autor, Albstadt*

Liesel Bach (1905–1992)
Foto: Agence Mondial, Bibliothèque nationale de France
(via Wikimedia Commons),
Lizenz: gemeinfrei (Public domain)

Im Alter von 19 Jahren heiratete Beate Köstlin am 28. September 1939 ihren ehemaligen Fluglehrer Hans-Jürgen Uhse im Rahmen einer so genannten Kriegstrauung. An jenem Tag hatte der Bräutigam am Vormittag um zehn Uhr seinen Gestellungsbefehl erhalten und sich bereits am Nachmittag um 14 Uhr in Magdeburg melden müssen. Ein Meister und ein Monteur fungierten als Trauzeugen, als Hochzeitessen gab es Erbseneintopf in der Firmenkantine. Nachmittags startete der frischgebackene Ehemann pünktlich nach Magdeburg, am Rollfeld stand seine junge Ehefrau, die nun Beate Uhse hieß, und winkte zum Abschied

Als eine deutsche Filmfirma bei der „Bücker Flugzeugbau GmbH" wegen Piloten als Doubles von Schauspielern anfragte, schlug die Firma Bücker sofort Beate Uhse vor. Die Doubles sollten mit Flugzeugen rollen oder fliegen, während die Filmhelden im hinteren Sitz den kühnen Piloten mimen. Beate eignete sich für diese Aufgabe sehr gut. Denn die blonde, junge Frau war mit 1,68 Meter klein genug, um sich im vorderen Sitz des Flugzeuges verstecken zu können. In dem Film „D III 88" (1939) wirkte sie in einer mit Kokarden verzierten „Bücker Bü 131" mit. Im Streifen „Achtung, Feind hört mit" (1940) flog sie für René Deltgen (1909–1979) mit einer „Bücker Bü 180 Student".

Am 1. April 1942 wechselte Beate Uhse von der Firma Bücker zum neu gegründeten Flugzeugreparaturwerk von Alfred Friedrich in Strausberg. Im Mai 1943 brachte sie ihr erstes Kind, den Sohn Klaus Uhse, zur Welt. Weil sie einen kriegswichtigen Beruf hatte, durfte Beate ein Kindermädchen beschäftigen.

Am 30. Mai 1944 fand Beate Uhses erster Ehemann Hans-Jürgen Uhse als Staffelkapitän des in Magdeburg stationierten

„Nachtfluggeschwader 102" den Tod. Seine Aufgabe war es gewesen, die Hauptstadt Berlin vor amerikanischen und englischen Bomberflugzeugen zu schützen. Hans-Jürgen Uhse verunglückte beim Start zu einem Einsatz, als einer seiner Männer in sein Flugzeug hineinrollte.

Am 1. Oktober 1944 trat Beate Uhse im Rang eines Hauptmanns in das „Überführungsgeschwader 1, Gruppe Mitte", der „Deutschen Luftwaffe" mit Sitz in Staaken ein. Die junge Frau flog Jagdmaschinen vom Typ „Messerschmitt Me 109" und „Focke-Wulf Fw 190" sowie Sturzkampfbomber („Stuka") „Ju 87" zu Frontflugplätzen. Bei diesen Flügen kam es auch zu gefährlichen Begegnungen und zum Beschuss durch alliierte Jäger, die sie unverletzt überstand. Einem Luftkampf gegen eine feindliche „Spitfire" fühlte sie sich ohne Jagdfliegerausbildung nicht gewachsen. Deswegen flog sie, so tief es ging, unter Baumhöhe. So konnte sie zwar nur schwer erkannt werden, lief aber Gefahr, eine Kuppe, einen Masten, ein Gebäude oder ein anderes Hindernis zu übersehen und abzustürzen. Kurz vor dem Ende des Zweiten Weltkrieges im April 1945 wurde sie auf den Strahljäger „Messerschmitt Me 262" eingewiesen.

Bei einem Überführungsflug nach Gotenhafen kurz vor Kriegsende besuchte Beate Uhse ihre Eltern im Gut Wargenau und wollte sie mit nach Berlin nehmen. Doch der Vater wollte bleiben und ihre Mutter ging nicht ohne ihn weg. Der Vater wurde später beim Einmarsch der Russen erschossen, die Mutter starb wenige Monate danach.

Im Frühjahr 1945 schlug sich die 25-jährige Kriegerwitwe mit ihrem 18 Monate alten Sohn Klaus zu Fuß von ihrer Wohnung im von den Russen eingeschlossenen Berlin zum 24 Kilometer entfernten Flugplatz Gatow durch. Dort entdeckte sie zwi-

Sturzkampfbomber („Stuka") „Ju 8D7".
Beate Uhse flog Sturzkampfbomber zur Frontflugplätzen.
Foto: Bundesarchiv, Bild 183-J16050 / CC-BY-SA,
(via Wikimedia Commons),
lizensiert unter CreativeCommons-Lizenz by sa-3.0-de,
http://creativecommons.licenses.org/by-sa/3.0/de/legalcode

schen zerschossenen Maschinen eine noch flugfähige fünf-
sitzige „Siebel FH 104". Kurz bevor sowjetische Truppen den
Flugplatz erreichten, startete sie ins Ungewisse.

Zusammen mit ihrem kleinen Sohn, einem Bordmonteur, der
Säuglingsschwester Hanna und zwei Verwundeten flog Beate
Uhse mit der völlig überladenen Maschine dicht über dem
Erdboden unter sowjetischen Jagdflugzeugen hinweg und
landete am 30. April 1945 auf dem Flugplatz Leck in Ost-
friesland. Beate wurde von britischen Truppen gefangen
genommen, aber bald wieder aus der Kriegsgefangenschaft
entlassen.

Danach ließ sich Beate Uhse mit ihrem kleinen Sohn Klaus in
Braderup, einem Dorf an Schleswig-Holsteins Westküste,
nieder. Damals konnte sie ihren Beruf als Fliegerin nicht mehr
ausüben, weil Deutsche nach dem Krieg etwa zehn Jahre lang
nicht fliegen durften. Zunächst schlug sie sich mühsam mit
Schwarzmarktgeschäften durch, später begann sie einen ambu-
lanten Handel mit Plastikspielzeug und Plastiktüten, die sie in
Süddeutschland kaufte und in Braderup und Umgebung ver-
kaufte.

Beate Uhses Karriere als Sexartikel-Versenderin begann, als
sie von Rat suchenden Frauen der Nachbarschaft nach Mög-
lichkeiten der Empfängnisverhütung gefragt wurde. Sie ent-
schloss sich, den Frauen mit einer verständlich geschriebenen
Anleitung der Knaus-Ogino-Lehre (fruchtbare und unfrucht-
bare Tage der Frau) zu helfen.

Die kleine Anleitung – die „Schrift X" – umfasste nur zwei
Seiten. Die Prospekte dafür wurden als „Postwurfsendung
an alle Haushalte" verteilt. Innerhalb weniger Monate be-
stellten 32.000 Menschen die Geburtenregelungsschrift für
zwei Reichsmark. Es war der erste „Sexartikel", den es da-

Beate Uhse-Sex-Shop in Hamburg-Barmbek-Süd,
Foto: Georg HH (via Wikimedia Commons),
Lizenz: gemeinfrei (Public domain)

mals in Deutschland gab, denn die Pille war noch nicht erfunden. Die kleine Firma von Beate Uhse wuchs und florierte.

1949 heiratete Beate Uhse in zweiter Ehe den Flensburger Kaufmann Ernst-Walter Rotermund, der seinen Sohn Dirk mit in die Ehe brachte. Aus dieser Verbindung ging der Sohn Ulrich hervor.

1951 gründete Beate Uhse mit vier Angestellten als Personal das Versandhaus „Beate Uhse". Ihre männlichen und weiblichen Kunden konnten per Katalog Präservative, „Pariser Luxuswäsche", Liebestränke, „Ariadne-Sex-Bäder" und erotische Literatur bestellen. 1953 bezog Beate mit ihrem inzwischen auf 14 Personen angewachsenen Mitarbeiterstab neue Räume in einer ehemaligen Eisengießerei.

Beate Uhse war – laut Online-Lexikon „Wikipedia" – eine „praktizierende Naturistin". 1960 wurde sie Mitglied des „Deutschen Verbandes für Freikörperkultur".

1962 eröffnete Beate Uhse in Flensburg den ersten Sex-Shop der Welt. Auf dem Schild über der Ladentür des kleinen Ladens stand allerding nicht „Sex-Shop", was damals nicht möglich war, sondern „Fachgeschäft für Ehehygiene".

1967 hatte ihr Versandhaus bereits mehr als zwei Millionen Kunden, und der Jahresumsatz lag bei ca. 23 Millionen Mark. Die „mittellose Kriegerwitwe" hatte es zur „erfolgreichsten Sexversenderin der Welt" geschafft, schrieb 1972 die Hamburger Wochenzeitung „Die Zeit", als sie Auszüge aus dem Buch „Die Kasse muß stimmen" von Hans Otto Eglau über die Karriere der Flensburger Selfmade-Unternehmerin veröffentlichte.

Im Mai 1972 wurden Beate und Ernst-Walter Rotermund nach mehr als 20-jähriger Ehe vor dem Flensburger Landgericht

„aus beiderseitigem Verschulden" geschieden. Ihr Ehemann hatte sie jahrelang betrogen und Beate sich einen viele Jahre jüngeren, dunkelhäutigen Geliebten genommen. Dem Scheidungsurteil war ein außergerichtlicher Vergleich zur Regelung der Vermögensverhältnisse vorangegangen. Beate Rotermund blieb nach der Scheidung Inhaberin des Flensburger Versandhauses Beate Uhse und dessen Ladenkette. Eine Hamburger Boulevard-Zeitung berichtete damals, Ernst-Walter Rotermund habe von seiner geschiedenen Frau drei Millionen Mark sowie ein Haus mit Grundstücken am Rüder See (Landkreis Flensburg) erhalten.

1979 übernahm Beate Uhse „Dr. Müller's"-Sex-Shop-Kette, ihren größten Mitbewerber. Durch die Produktion und den Verleih von Filmen für Porno-Kinos stieg sie ins Film- und Videogeschäft ein.

1981 wurde das Unternehmen zwischen Beate Uhse und ihren drei Kindern aufgeteilt: Ihr Stiefsohn Dirk Rotermund und ihr Sohn Klaus Uhse (1943–1984) übernahmen den Versandhandel unter dem neuen Namen „Orion Versand GmbH, Flensburg", Beate Uhse und der jüngste Sohn Ulrich Rotermund (geboren 1949) gründeten die „Beate Uhse AG" mit den Bereichen Ladenkette und Filmgeschäft. Eine fünfjährige Konkurrenzklausel erlaubte jeder Gruppe in diesen Jahren nur Versand oder Kinos und Läden.

1983 gehörten Beate Uhse bereits zwölf „Blue Movies"-Kinos. Sie ließ etwa 140 Porno-Filme drehen und war mit einem Jahresumsatz von mehr als 50 Millionen Mark marktführend. Im Spätsommer 1983 erfuhr die 63-jährige Beate Uhse, dass sie – wie zuvor schon ihr Sohn Klaus – an Magenkrebs erkrankt war. Sie wurde operiert und wieder gesund. Klaus dagegen erlag 1984 seiner Krankheit. Im Jahre 1986 stieg Beate

Uhse wieder in das Versandgeschäft für Sex- und Erotikartikel ein.

1989 erhielt Beate Uhse das Bundesverdienstkreuz. Im selben Jahr wurde sie auch Ehrenbürgerin der Stadt Flensburg.

Seit Januar 1992 wird an Lizenzpartner das Recht vergeben, unter dem Namen „Beate Uhse International" Sex-Shops und Versand zu betreiben. Bisher sind es ca. 60 Läden in Deutschland sowie Niederlassungen in der Schweiz, Österreich, Portugal, Spanien, Ungarn und Griechenland.

1996 betrug der Gesamtumsatz 130 Millionen Mark. Etwa 550 Mitarbeiter waren in den 1990-er Jahren bei Beate Uhse beschäftigt. Auch auf dem Gebiet der elektronischen Medien betätigte man sich, wie zum Beispiel Audiotext, T-Online, Internet und Multimedia-Produkte.

Bis ins hohe Alter hinein strahlte Beate Uhse Vitalität und Energie aus. Noch mit 73 Jahren steuerte sie ihr eigenes Flugzeug. Mit 75 lernte sie Tauchen und ritt auf einem Rochen durchs Meer. Auf dem Flensburger Wochenmarkt kaufte sie regelmäßig ein.

1996 eröffnete Beate Uhse in Berlin ein Erotik-Museum. Ein solches hatte sie zunächst in der Innenstadt von München geplant.

Im Mai 1999 ging die „Beate Uhse AG" an die Börse. Das Hamburger Nachrichtenmagazin „Der Spiegel" schrieb hierzu süffisant: „Zum Start der Beate-Uhse-Aktie fand zusammen, was zusammengehört: Aktienmarkt und Sexgeschäft. Beide sind erfahren im Rein- und Raus-Spiel, kommen ungern zu früh oder zu spät und wissen um die blutdruckfördernde Wirkung von Höhepunkten." Die Aktie der „Beate Uhse AG" war 64-fach überzeichnet, verlor aber später stark an Wert.

Beate Uhse-Erotik-Museum in Berlin,
Foto: Achim Raschka / Wikimedia Commons / CC-BY-SA3.0
(via Wikimedia Commons),
lizensiert unter CreativeCommons-Lizenz by sa-3.0-de,
http://creativecommons.org/licenses/by-sa/3.0/de/legalcode

Bis kurz vor ihrem Tod saß die zierliche und willensstarke Geschäftsfrau an ihrem Schreibtisch in der Konzernzentrale. Beate Uhse starb am 16. Juli 2001 im Alter von 81 Jahren in einem Schweizer Krankenhaus an einer Lungenentzündung.

Sophie Blanchard (1778–1819)
Bild: Reproduktion eines Kupferstiches von Jules Porreau aus dem Jahre
1859, der nach ihrem Tod entstand

Frauen in der Luftfahrt

4. Juni 1784: Die französische Opernsängerin Elisabeth Thible, nach anderer Schreibweise auch Tible, fliegt in Lyon als erste Frau in einem Heißluftballon (Montgolfière) mit.

10. November 1798: Die Französin Jeanne Labrosse (1775–1845), die Ehefrau des Luftakrobaten André-Jacques Garnerin (1769–1823), unternimmt als erste Frau selbstständig einen Flug in einem Ballon.

12. Oktober 1799: Jeanne Labrosse wagt als erste Frau der Welt aus einer Höhe von rund 900 Metern einen Fallschirmsprung.

7. Juli 1819: Die erste professionelle Luftschifferin Frankreichs, Madeleine Sophie Blanchard (1778–1819), kommt in Paris bei einer Ballonfahrt als erste Frau beim Fliegen ums Leben.

Um 1850: Die französische Fallschirmspringerin Rosalie Poitevin (1819–1908) stellt in Parma (Italien) mit einem Sprung aus rund 2.000 Metern einen Frauenrekord auf, der erst 1931 von der Deutschen Lola Schröter (1906–1953) überboten wird.

4. Juli 1880: Mary Hawley Myers (1849–1932) unternimmt in Little Falls (New York) als erste Amerikanerin einen Alleinflug mit einem Ballon.

19. Juli 1893: Käthe Paulus (1868–1935) unternimmt in Nürnberg (Bayern) zusammen mit ihrem Verlobten Hermann Lattemann (1852–1894) ihren ersten Ballonflug. Sie gilt als erste Luftschifferin in Deutschland.

1893: Die Luftschifferin Käthe Paulus wird in Elberfeld bei Wuppertal die erste deutsche Fallschirmspringerin.

9. Juli 1903: Die Amerikanerin Aida de Acosta (1884–1962) unternimmt in Paris als erste Frau einen Alleinflug in einem lenkbaren Luftschiff.

1906: Die Amerikanerin E. Lillian Todd (1865–1937) entwirft und baut als erste Frau ein Flugzeug, das allerdings nie fliegt.

8. Juli 1908: Die französische Bildhauerin Thérésè Peltier (1873–1926) unternimmt in Turin (Italien) an Bord eines Doppeldeckers zusammen mit dem französischen Piloten Léon Delagrange (1873–1910) den ersten Flug mit einem weiblichem Passagier.

7. Oktober 1908: Edith Berg fliegt als erste Amerikanerin in Le Mans (Frankreich) in einem Flugzeug mit. Sie ist eine Passagierin des amerikanischen Luftpioniers Wilbur Wright (1867–1912) und die Ehefrau von Hart O. Berg, des europäischen Agenten von Wright.

26. Oktober 1909: Die Französin Marie Marvingt (1875–1963) fliegt als erste Frau mit einem Ballon von Frankreich nach England.

8. März 1910: Die französische Schauspielerin Raymonde de Laroche (1844–1919) wird die erste Pilotin der Welt.

9. April 1910: Hélène Dutrieu (1877–1961) wird die erste Pilotin in Belgien.

19. April 1910: Hélène Dutrieu fliegt als erste Frau der Welt einen Passagier.

Sommer 1910: Hilda Hewlett (1864–1943) wird Mitbegründerin der ersten Flugschule in England.

2. September 1910 (oder 6. September oder Mitte Oktober): Blanche Stuart Scott (1889–1970) wird angeblich die erste amerikanische Pilotin. Ihr Flug wird von der „Aeronautical Society of America" nicht anerkannt, weil er zufällig erfolgt.

16. September 1910: Bessica Medlar Raiche (1875–1932) wird angeblich die erste amerikanische Pilotin.

8. November 1910: Marie Marvingt wird die dritte Frau mit Pilotenlizenz in Frankreich.

1. August 1911: Harriet Quimby (1875–1912) wird die erste Amerikanerin mit Pilotenlizenz.

10. August 1911 (4. September 1911) : Lidija Swerewa (1890–1916) wird die erste Pilotin in Russland.

17. August 1911: Matilde Moissant (1878–1964) wird die zweite Amerikanerin mit Pilotenlizenz.

29. August 1911: Hilda Hewlett wird erste Britin mit Pilotenlizenz.

4. September 1911: Harriet Quimby unternimmt als erste Frau einen Nachtflug.

13. September 1911: Melli Beese-Boutard (1886–1925) legt an ihrem 25. Geburtstag als erste Deutsche die Pilotenprüfung ab.

10. Oktober 1911: Beatrix de Rijk (1883–1958) wird eine der ersten Pilotinnen in Holland.

Dezember 1911: Die Amerikanerinnen Harriet Quimby und Matilde Moisant (1878–1964) unternehmen als erste Pilotinnen einen Flug über Mexiko.

16. April 1912: Harriet Quimby überfliegt als erster weiblicher Pilot den Ärmelkanal (Englischer Kanal).

Juli 1912: Lilly Steinschneider (1891–1975) wird die erste Pilotin in Österreich-Ungarn.

2. September 1912: Die Französin Jeanne Pallier (1871–1939) fliegt bei ihrer Pilotenprüfung als erste Frau über Paris.

1912: Die Pilotin Ruth Law (1887–1970) fliegt als zweite Amerikanerin bei Nacht.

21. November 1912: Die russische Pilotin Ljuba Galanschikoff (1884–1968) stellt einen Höhenweltrekord für Frauen auf. Sie

erreicht mit einem geliehenen Fokker-Eindecker eine Höhe von 2.000 Metern.

5. Januar 1913: Rosina Ferrario (1888–1959) wird die erste Pilotin in Italien, die vor dem Ersten Weltkrieg eine Fluglizenz erhält,

31. Juli 1913: Die amerikanische Pilotin Alys McKey („Tiny") Bryant (1880–1954) unternimmt in Vancouver den ersten Flug einer Frau in Kanada. Ihre Flüge in Kanada waren Teil des Unterhaltungsprogramms für den Prinzen von Wales und den Herzog von York, die Vancouver und Victoria be-suchen.

20. August 1913: Ljuba Galanschikoff unternimmt zusammen mit dem Piloten Léon Letort (1888–1913) den ersten Flug innerhalb eines Tages von Berlin nach Paris.

September 1913: Katherine Stinson (1891–1977) betätigt sich in Montana als erste Luftpostpilotin der USA.

1913: Hélène Dutrieu wird erstes weibliches Mitglied der „Pariser Luftwache" und schützt die französische Hauptstadt im Ersten Weltkrieg (1914–1918) vor Angriffen deutscher Flugzeuge und Militärluftschiffe.

19. Mai 1914: Die russische Pilotin Lydija Swerewa (1890–1916) fliegt in Riga (Litauen) als erste Frau einen Looping (Kunstflugfigur in senkrechter Kreisbahn).

6. Juni 1914: Else Haugk (1889–1973) wird die erste Pilotin der Schweiz.

1914: Prinzessin Eugenie Michailowna Shakhovskaya (1889–1920) wird die erste russische Militärpilotin. Sie unternimmt als Fähnrich im Dienste des Zaren etliche Aufklärungsflüge.

1915: Die Schwestern Marjorie Stinson (1896–1975 und Katherine Stinson (1891–1977) betreiben mit ihrer Mutter Emma Beaver Stinson in Texas die erste von Frauen geleitete Flugschule.

17. Januar 1915: Ruth Law (1887–1970 wagt in Daytona Beach (Florida) als erste amerikanische Pilotin einen Looping. Ihrer Landsmännin Katherine Stinson glückt dieses Kunststück am 18. Juli 1915 über dem Flugplatz „Cicero Field" in Chicago.

1915: Nahdeshda Degtera, deren Geburts- und Todesdatum unbekannt sind, ist die erste russische Pilotin, die bei einem Kampfeinsatz im Ersten Weltkrieg verwundet wird.

1916: Die Deutsche Käthe Paulus erfindet den zusammenlegbaren Fallschirm.

12. Juli 1919: Raymonde de Laroche stellt einen Höhenrekord für Frauen auf (4.800 Meter).

1919: Ruth Law befördert als erster Flieger Luftpost zu den Philippinen.

30. Mai 1920: Elsa Andersson (1897–1922) wird die erste schwedische Pilotin.

15. August 1920: Die amerikanische Pilotin Laura Bromwell (1899–1920) fliegt 87 Loopings und schafft damit einen Weltrekord.

1. April 1921: Die französische Pilotin Adrienne Bolland (1896–1975) fliegt als erste Frau über die Anden.

Mai 1921: Laura Bromwell fliegt 199 Loopings und stellt damit einen neuen Weltrekord auf.

15. Juni 1921: Die schwarze Amerikanerin Bessie Coleman (1893–1926) erhält in Frankreich ihre Fluglizenz und wird die erste afro-amerikanische Pilotin.

2. Oktober 1921: Elsa Andersson ist nach einem Absprung in Kristianstad die erste schwedische Fallschirmspringerin.

8. April 1922: Teresa de Marzo (1903–1986) wird die erste Pilotin in Brasilien.

1922: Tadashi Hyodo (1899–1980) wird die erste Pilotin in Japan.

3. September 1922: Bessie Coleman unternimmt den ersten öffentlichen Flug einer afro-amerikanischen Pilotin in den USA. Dabei springt der farbige Stuntman Hubert Fauntleroy Julian mit einem Fallschirm ab.

Oktober 1922: Lillian Gatlin aus Santa Ana (Kalifornien) wird die erste Passagierin bei einem Flug über Amerika. Sie reist von San Francisco (Kalifornien) nach Mineola (New York).

Der 2.680 Meilen-Nonstop-Flug dauert 27 Stunden 11 Minuten.

1925: Thea Rasche (1899–1971) wird erste Deutsche mit Kunstflugschein.

1925: Kwon Ki-ok (1901–1988) wird die erste Pilotin aus Korea.

1925: Lady Mary Heath (1896–1939) erhält als erste Frau in Großbritannien eine kommerzielle Fluglizenz.

28. März 1927: Millicent Maude Bryant (1878–1927) wird die erste Pilotin in Australien.

Mai 1927: Lady Mary Heath stellt mit 17.000 Fuß (umgerechnet 5.100 Meter) einen Höhen-Weltrekord für Leichtflugzeuge auf.

Ende August 1927: Prinzessin Anne Löwenstein-Wertheim (1864–1927) scheitert beim Versuch einer Atlantiküberquerung von England nach Amerika und kommt dabei ums Leben.

September 1927: Elinor Smith wird im Alter von 16 Jahren die damals jüngste Pilotin der USA.

Oktober 1927: Die Amerikanerin Ruth Elder (1902–1977) scheitert beim Versuch einer Atlantiküberquerung von England nach Amerika.

1927: Phoebe Fairgrave Omlie (1902–1975) wird die erste von der „Civil Aeronautics Administration" („CAA") zugelassene Flugzeugmechanikerin der USA.

1927: Lady Mary Heath unternimmt als erste Frau einen Alleinflug von Südafrika nach England.

1927: Die irische Pilotin Mary Bayley (1890–1960) fliegt als erste Frau über die Irische See.

Januar 1928: Ruth Rowland Nichols (1901–1960) unternimmt zusammen mit dem Piloten Harry Rogers den ersten Nonstop-Flug von New York nach Miami (Florida).

17. und 18. Juni 1928: Die amerikanische Fliegerin Amelia Earhart (1897–1937) fliegt zusammen mit dem Piloten Wilmer Stultz (1899–1929) und dem Mechaniker Louis Gordon von New York nach Paris. Sie ist die erste Frau, die an Bord eines Flugzeuges den Atlantik überquert.

27. Juli 1928. Lady Mary Heath fliegt als erste Frau der Welt ein Passagierflugzeug. Der Start erfolgt in Amsterdam (Niederlande), die Landung in Croydon (Großbritannien).

1928: Maryse Bastié (1898–1952) erwirbt als erste Französin den Führerschein für Passagierflugzeuge.

1928: Die deutsche Pilotin Marga von Etzdorf (1907–1933) wird erste Kopilotin der „Deutschen Luft Hansa" (damalige Schreibweise).

1928: Die irische Pilotin Mary Heath fliegt als erste Frau allein vom „Kap der Guten Hoffnung" (Südafrika) nach Kairo (Ägypten).

1928: Die amerikanische Pilotin Phoebe Fairgrave Omlie fliegt als erste Frau mit einem Leichtflugzeug über die Rocky Mountains.

Oktober 1928: Die deutsche Pilotin Erika Naumann stellt zusammen mit dem schweizerischen Fliegerhauptmann Wirth bei einem Flug von Böblingen (Süddeutschland) nach Wilna (Litauen) einen Weltrekord auf. Die Flugstrecke beträgt 1.305 Kilometer.

17. Dezember 1928: Die amerikanische Pilotin Marjorie Stinson wird bei der Gründungsversammlung der „Early Birds" in Chicago das erste weibliche Mitglied. Bedingung für die Aufnahme bei den „Early Birds" ist für Amerikaner, dass sie bereits vor dem Eintritt der USA in den Ersten Weltkrieg am 17. Dezember 1916 erstmals allein geflogen sind. Für Piloten aus Europa gilt der 4. August 1914 als Stichtag für die Aufnahme bei den „Early Birds".

1928/1929: Mary Bailey (1890–1960) fliegt als erste Frau allein von England nach Südafrika und wieder zurück. Hinflug vom 9. März bis 30. April 1928, Rückflug vom September 1928 bis 16. Januar 1929.

2. Januar 1929: Evelyn („Bobby") Trout unternimmt in Los Angeles (Kalifornien) als erste Frau einen Ganze-Nacht-Flug, der 12 Stunden 11 Minuten dauert.

1929: Florence „Pancho" Barnes" (1901–1975) wird die erste amerikanische Stuntpilotin. Sie wirkt in dem Film „Hells Angels" mit, der 1929 in die Kinos kommt.

1929: Phoebe Fairgrave Omlie wird die erste amerikanische Transportpilotin.

1929: Ilse Esser (1898–1994) promoviert als erste Deutsche in Luftfahrttechnik.

August 1929: Die britische Reporterin Grace Marguerite Hay Drummond-Hay (1895–1946) fliegt als erste Frau mit einem Luftschiff um die Welt. Der Flug erfolgt im deutschen Luftschiff „LZ-127 Zeppelin".

18. bis 26. August 1929: Die amerikanische Pilotin Louise Thaden (1905–1979) gewinnt das erste „Cleveland Women's Air Derby", den ersten Überlandflug-Wettbewerb für Pilotinnen, der scherzhaft als „Powder-Puff-Derby" bezeichnet wird. Der Start erfolgt in Santa Monica (Kalifornien), Ziel ist Cleveland (Ohio), gesamte Flugstrecke mehr als 2.700 Meilen (rund 4.500 Kilometer). Zweite wird Gladys O'Donnel, Dritte Amelia Earhart. Beim legendären „Powder-Puff-Derby" gehen ingesamt 20 Pilotinnen an den Start, von denen 18 aus den USA stammen: Florence („Pancho") Barnes, Marvel Crosson, Amelia Earhart, Ruth Elder, Claire Fahy, Edith Foltz, Mary Haizlip, Jessie Keith-Miller (Australien), Opal Kunz, Ruth Nichols, Gladys O'Donnell, Phoebe Omlie, Neva Paris, Margaret Penny, Thea Rasche (Deutschland), Louise Thaden, Bobbi Trout, Mary von Mach und Vera Dawn Walker. Davon erreichen 13 Frauen das Ziel. Den scherzhaften Begriff

„Powder-Puff-Derby" („Puderquastenrennen") hat der Komiker Will Rogers (1879–1935) geprägt. Er beruht auf dem Kosmetik-Utensil, mit dem sich die Pilotinnen nach den Landungen puderten.

2. November 1929: Amelia Earhart gründet zusammen mit vier anderen bekannten Pilotinnen auf dem Flugplatz „Curtiss Field" in Valley Stream, Long Island (New York), den „Club der Neunundneunzig" („Ninety Nines"), der die Stellung der Frauen in der Luftfahrt stärken soll. Einen solchen Club hatte Clara Trenckman Studer, eine flugbegeisterte Assistentin und Helferin ohne Pilotenschein, angeregt. Die Einladung zur Gründungsversammlung war am 9. Oktober 1929 an 117 Pilotinnen in den USA verschickt und von Fay Gillis, Margorie Brown, Frances Harrel und Neva Paris unterzeichnet worden. Zur Gründungsversammlung kommen 26 Pilotinnen nach Valley Stream. Nur vier der Fliegerinnen reisen mit dem Flugzeug an, die anderen fahren wegen schlechten Wetters mit dem Zug. Ein zweites Treffen erfolgt am 14. Dezember 1929 in New York City. Dabei macht Jean Davis Hoyt (gestorben 1988) den Vorschlag, den Club nach der Zahl der Frauen in den USA zu benennen, die einen Pilotenschein besitzen und Interesse an der Gründung des Clubs zeigen. Neva Paris soll die Wahl einer Präsidentin koordinieren, doch sie kommt Anfang 1930 bei einem Flugzeugabsturz ums Leben. Louise Thaden fungiert als „provisorische Präsidentin" des Clubs. Bald gehörten 99 Fliegerinnen zum Club und dessen Name steht fest. 1931 wird Amelia Earhart zur Präsidentin gewählt und bleibt dies bis 1933. „Ninety Nines" behauptet sich bis heute und zählt derzeit weltweit mehr als 20.000 Mitglieder.

November 1929: Die amerikanischen Pilotinnen Evelyn („Bobby") Trout (1906–2003) und Elinor Smith (geboren 1911) unternehmen den ersten Frauenflug mit Luftbetankung.

Dezember 1929: Amy Johnson (1903–1941) wird die erste Flugzeugmechanikerin in Großbritannien.

5. bis 24. Mai 1930: Die britische Pilotin Amy Johnson-Mollisson (1903–1941) fliegt als erste Frau allein von England nach Australien.

1930: Die britische Fliegerin Beryl Markham (1902–1986) wird die erste Berufspilotin Afrikas.

1930: Anne Morrow Lindbergh (1906–2001) wird die erste Segelfliegerin der USA.

6. März 1931: Ruth Rowland Nichols stellt mit 8.760,9 Metern einen Höhen-Weltrekord für Frauen auf.

13. April 1931: Ruth Rowland Nichols stellt mit 339,1 Stundenkilometern einen Geschwindigkeits-Weltrekord für Frauen auf.

1931: Leyla Mammadbeyova (1909–1989) wird die erste Pilotin in Aserbaidschan.

Juni 1931: Ruth Rowland Nichols scheitert beim Atlantiküberflug.

18. bis 29. August 1931: Die deutsche Pilotin Marga von Etzdorf (1907–1933) fliegt allein von Berlin nach Tokio.

1931: Pauline Mary Gower (1910–1947) betreibt den ersten Lufttaxidienst in Großbritannien.

1931: Die deutsche Pilotin Vera von Bissing (1906–2002) beherrscht als einzige Frau den Looping nach vorn.

1931: Die deutsche Fallschirmspringerin Lola Schröter (1906–1953) stellt mit einem Sprung aus 6.000 Metern Höhe einen Frauenrekord auf.

Oktober 1931: Hazel Ying Lee (1912–1944) erhält als eine der ersten chinesisch-amerikanischen Frauen eine Fluglizenz.

4. Dezember 1931: Die deutsche Fliegerin Elly Beinhorn (1907–2007) startet zu einem erfolgreichen Weltflug. Sie ist die erste Frau, die alle fünf Erdteile mit dem Flugzeug überfliegt.

26. Dezember 1931: Die australische Pilotin Maude Rose „Lores" Bonney (1897–1994) unternimmt den längsten Ein-Tages-Flug einer Frau von Brisbane nach Wangaratta (1.600 Kilometer).

20. Mai 1932: Die amerikanische Fliegerin Amelia Earhart fliegt mit einem einmotorigen Flugzeug als erste Frau über den Atlantik. Sie startet in Harbor Grace (Neufundland) und landet unweit von Londonderry (Nordirland).

Mai 1932: Die deutsche Schauspielerin und Pilotin Antonie Strassmann (1901–1952) fliegt an Bord des Flugschiffes „Do-X" von den USA nach Deutschland. Sie ist die erste Europäerin, die als fliegender Passagier den Atlantik überquert.

August/September 1932: Maude Rose „Lores" Bonney fliegt als erste Frau um Australien.

5. September 1932: Die amerikanische Pilotin Mary Haizlip (1910–1997) stellt in Cleveland (Ohio) mit 405,92 Stundenkilometern einen Geschwindigkeitsrekord für Frauen auf.

1932: Die Chinesin Katherine Cheung (1904–2003) wird die erste Asiatin mit Pilotenlizenz in den USA.

1932: Ruthy Tu (gestorben 1969) wird die erste Pilotin in der Chinesischen Armee.

1932: Die deutsche Pilotin Rosl Richter und ihr Ehemann unternehmen mit einem Leichtflugzeug einen Weltflug.

1932: Der Fallschirmspringerin ola Schröter gelingt ein Rekordsprung aus 7.300 Metern Höhe.

1932: Luise Hoffmann (1910–1935) wird erste Werkspilotin in Deutschland.

1932: Phoebe Fairgrave Omlie wird die erste Regierungsbeamtin für Luftfahrt in den USA.

1932: Fay Gillis Wells (1908–2002) fliegt als erste Amerikanerin ein sowjetisches Zivilflugzeug.

10. bis 21. April 1933: Maude Rose „Lores" Bonney fliegt mit einer Maschine des Typs „Gipsy Moth" namens „My little Ship" als erste Frau von Australien nach England (Start in Brisbane, Landung in London. Flugstrecke rund 20.000 Kilometer).

1933: Freda Thompson (1909–1980) wird die erste Fluglehrerin in Australien.

28. Januar bis 25. April 1934: Die Amerikanerin Laura Ingalls (1901–1967) unternimmt als erste Frau einen Alleinflug von Nordamerika nach Südamerika.

21. März 1934: Laura Ingalls fliegt als erste Amerikanerin über die Anden.

Mai 1934: Die Neuseeländerin Jean Batten (1909–1982) unternimmt als erste Frau einen Flug von England nach Australien und zurück.

1934: Die Französin Maryse Bastie (1898–1952) fliegt als erste Frau von Paris nach Tokio und zurück.

28. September bis 6. November 1934: Die australische Pilotin Freda Thompson unternimmt den ersten Alleinflug einer Frau von England nach Australien. Während dieser insgesamt 39 Tage langen Flugreise muss sie 20 Tage auf ein Ersatzteil warten.

23. Oktober 1934: Die amerikanische Ballonfahrerin Jeannette Piccard (1895–1981) fliegt als erste Frau in die Stratosphäre: Sie steigt zusammen mit ihrem Ehemann Jean-Felix Picard (1884–1963) über dem Erisee in eine Höhe von 17.550 Metern auf.

31. Dezember 1934: Die Amerikanerin Helen Richey (1909–1947) wird die erste Pilotin bei einer planmäßigen Airline („Central Airlines").

Anfang 1935: Der amerikanischen Fliegerin Amelia Earhart glückt der erste Flug von Hawaii zum amerikanischen Festland. Diese Route ist länger als die Strecke von den USA nach Europa.

April 1935: Liesel Zangenmeister stellt in Rossitten (Ostpreußen) mit 12 Stunden 57 Minuten einen Dauer-Weltrekord im Segelflug auf.

1935: Amelia Earhart unternimmt als Erste einen Alleinflug von Los Angeles (Kalifornien) nach Mexico City (Mexiko), Flugzeit 13 Stunden 23 Minuten.

1935: Amelia Earhart unternimmt als Erste einen Alleinflug von Mexico City nach Newark, Flugzeit 14 Stunden 19 Minuten.

Ende 1935: Jean Batten fliegt als erste Frau von England nach Südamerika (Brasilien), Flugstrecke rund 5.000 Meilen (umgerechnet 8.000 Kilometer), Flugzeit 61 Stunden 15 Minuten

1936: Katarina Matanovic-Kulenovic (1913–2003) wird die erste kroatische Pilotin.

4. September 1936: Louise Thaden (1905–1979) und Blanche Noyes (1900–1981) besiegen als erste Frauen bei einem Flugwettrennen („Bendix Trophy Race") männliche Piloten. Sie fliegen sie von New York City nach Los Angeles in 14 Stunden 55 Minuten und stellen damit einen Weltrekord auf.

4./5. September 1936: Die englische Pilotin Beryl Markham (1902–1986) fliegt als erste Frau allein von London (England) über den Atlantik nach Nova Scotia (Kanada).

1936: Jean Batten fliegt als erste Frau über den Südatlantik.

1936: Laura Ingalls fliegt als erste Frau nonstop von der Ostküste zur Westküste der USA.

März 1937: Jean Burns wird im Alter von 17 Jahren die jüngste Pilotin in Australien.

17. Mai 1937: Die deutsche Fliegerin Hanna Reitsch (1912–1979) wird als erste Frau der Welt ehrenhalber zum Flugkapitän ernannt. Dieser Titel war sonst Flugzeugführern der „Deutschen Lufthansa" vorbehalten.

Mai 1937: Hanna Reitsch überquert als erste Pilotin der Welt im Segelflug die Alpen.

Juni 1937: Die deutsche Pilotin Eva Schmidt (1914–1945) erreicht eine Weltbestleistung im Segelflug-Streckenflug für

Frauen vom Hornberg (Schwäbische Alb) nach Plauen im Vogtland (Sachsen) und einen Dauerflug-Rekord von 14 Stunden.

Juni 1937: Inge Wetzel stellt in Rossitten (Ostpreußen) mit 18 1/2 Stunden einen Segelflug-Weltrekord im Dauerflug auf, wird aber bereits im Juli 1937 von Feodora Schmidt übertroffen.

1937: Amelia Earhart fliegt – im Rahmen ihrer Erdumrundung – als Erste vom Roten Meer nach Indien.

2. Juli 1937: Amelia Earhart und ihr Navigator Fred Noonan (1893–1937) kehren von ihrer geplanten spektakulären Erdumrundung nicht mehr zurück. Um das ungeklärte Verschwinden der Beiden im Pazifik ranken sich zahlreiche Legenden.

4. Juli 1937: Hanna Reitsch fliegt in Bremen als erste Frau einen Hubschrauber.

1937: Maude Rose „Lores" Bonney fliegt als erste Frau allein von Australien (Brisbane) nach Südafrika (Kapstadt), Flugstrecke 29.088 Kilometer.

1937: Sabiha Gökcen (1913–2001) wird die erste Kampfpilotin der Türkei. Sie fliegt Kampfeinsätze in Thrakien und in der Ägäis.

1937: Die deutsche Fliegerin Melitta Schenk Gräfin von Stauffenberg (1903–1945), geborene Melitta Schiller, besitzt als einzige Frau Deutschlands alle Flugzeugführerscheine für sämtliche Klassen von Motorflugzeugen und Segelflugzeugen sowie den Kunstflugschein.

1937: Die Argentinierin Susanna Ferrari Billinghurst (1914–1999) erwirbt als erste Frau in Südamerika einen kommerziellen Pilotenschein.

1937: Die russischen Pilotinnen Marina Raskowa (1912–1943) und Walentina Stepanowna Grisodubowa (1910–1993) stellen mit einem Nonstop-Flug über 1.443 Kilometer einen Frauenweltrekord auf.

1937: Die amerikanische Fliegerin Jacqueline Cochran (1906–1980) macht als erste Frau einen Blindflug (Instrumentenlandung).

28. Oktober 1937: Melitta Schenk Gräfin von Stauffenberg erhält – nach Hanna Reitsch – als zweite Frau der Welt den Titel „Flugkapitän".

Frühjahr 1938: Hanna Reitsch, die erste Frau mit Helikopter-Lizenz, unternimmt in der riesigen Berliner Deutschlandhalle mit einem Hubschrauber den ersten Hallenflug der Welt.

2. Juli 1938: Den russischen Pilotinnen Walentina Stepanowna Grisodubowa (1910–1993), Wera Lomako (geboren 1913), Polina Ossipenko (1907–1939) und Marina Raskowa (1912–1943) gelingt ein Weltrekord-Fernflug für Frauen von Sewastopol nach Archangelsk über eine Flugstrecke von 2.416 Kilometern.

24./25. September 1938: Marina Raskowa, Walentina Stepanowna Grisodubowa und Polina Ossipenko stellen mit einem 5.908,610 Kilometer langen Fernflug von Moskau nach Kerbi unweit des Ochotskischen Meeres einen Weltrekord für Frauen auf. Am 2. November 1938 erhalten sie für diesen Weltrekord-Fernflug als erste Frauen der sowjetischen Geschichte den Titel „Held der Sowjetunion".

1939: Willa Brown Chappell (1906–1992) wird die erste Afro-amerikanerin mit kommerzieller Pilotenlizenz in den USA

1939/1940: Beate Köstlin (1919–2001), später Beate Uhse, wirkt als erste deutsche Stuntpilotin in den Filmen „D III 88" (1939) und „Achtung, Feind hört mit" (1940) mit.

1. Juli 1941: Die Amerikanerin Jacqueline Cochran überführt als erste Frau einen Bomber über den Atlantik.

Ab 1941: Marina Raskowa und sechs andere weibliche Offiziere organisieren drei nur aus Frauen bestehende sowjetische Fliegerregimenter. Am Ende der Ausbildung werden in Engels drei Regimenter aufgestellt: das 586. Jagdfliegerregiment mit „Jak-2"-Flugzeugen, das 587. Tagbomberregiment mit „Pe-2"-Flugzeugen und das mit „U-2"-Flugzeugen ausgerüstete 588. Nachtbomberregiment („Nachthexen"). Kommandantinnen des 586. Jagdflieger-regiments sind: Lydia Litvak, Raisa Belyayeva, Tamara Pamyatnykh, Raya Surnachevskaya, Marina Kuznetsova. Kommandantinnen des 587. Tagbomberregiments sind: Kladiya Fomicheva, Marina Raskowa, Nadeshda Fedutenko.

Kommandantinnen des 588. Nachtbomberregiments sind: Yevodokya Bershanskaya, Yevgeniya Zhigulenko, Tatyana Makorova, Yevdokia Nosal, Nina Ulynenko.

Oktober 1942: Hanna Reitsch fliegt in Augsburg bei „Messerschmitt" das erste Raketenflugzeug der Welt.

21. März 1943: Cornelia Clark Fort (1919–1943) stirbt bei der Überführung einer Maschine des Typs „BT-13A" als erste Pilotin im Dienst der US-Army, als sie über Merkel, Taylor County (Texas), mit einem anderen Flugzeug zustammenstößt. An sie erinnert der 1945 nach ihr benannte „Cornelia Fort Airport" in Nashville (Tennessee).

14. Okober 1944: Die Amerikanerin Ann G. Baumgartner Carl (1918–2008) ist die erste Frau in einem Turbojet-Kampfflieger.

1948: Betty Skelton Frankman Erde (geboren 1926) wird die erste US-Meisterin in Luftakrobatik.

1949: Betty Skelton Frankman Erde stellt mit 7.853 Metern einen Höhenweltrekord für Frauen auf.

16. September 1950: Nancy Bird Walton (1915–2009) gründet die australische Pilotinnenorganisation „Australian Women Pilot's Association" („AWPA")

März 1951: Die deutsche Pilotin Liesel Bach (1905–1992) fliegt als erste Frau über den Himalaja.

April 1953: Iris Wittig (1928–1978) fliegt zusammen mit einem sowjetischen Instrukteur als einer der ersten Piloten in einer „MiG-15UTI", dem ersten Strahlflugzeug der „DDR".

1951: Betty Skelton Frankman Erde stellt mit 8.850 Metern einen weiteren Höhenweltrekord für Frauen auf.

4. Juni 1953: Die amerikanische Pilotin Jacqueline Cochran erreicht mit einem Düsenjäger des Typs „F-86 Sabre" eine Durchschnittsgeschwindigkeit von 1.042 Stundenkilometern und durchbricht dabei in Sturzflügen aus 14.000 Meter Höhe als erste Frau zwei Mal die Schallmauer.

August 1953: Die französische Fliegerin Jacqueline Auriol (1917–2000) durchbricht mit einem Düsenjäger des Typs „Mystère" mit einer Geschwindigkeit von 1.195 Stundenkilometern als erste Europäerin die Schallmauer (Mach1).

1960-er Jahre: Jerrie Cobb besteht als erste Amerikanerin alle drei Tests für das von Jacqueline Cochran finanzierte Programm „Mercury 13". Mit diesem privat finanzierten Programm, das nicht Teil der Astronautenrekrutierung der „NASA" ist, will man beim Wettrennen im Weltraum mit der ersten Frau im All der Sowjetunion zuvorkommen. Der Name des Projektes beruht darauf, dass von den insgesamt 20 getesteten Frauen 13 die Tests bestehen: außer Jerrie Cobb später auch Myrte Cagle, Jan Dietrich, Marion Dietrich, Wally Funk, Janey Hart, Jean Hixson, Gene Nora Stumbough, Irene Leverton, Bernice Steadman, Sarah Ratley, Jerri Truhill und Rhea Woltman. Jerry Cobb, Rhea Hurle und Wally Funk unterziehen sich in Oklahoma City noch weiteren Tests und einer psychologischen Bewertung. Wenige Tage, bevor einige Frauen sich erweiterten Tests in Pensacola (Florida) in der „Naval School of Aviation Medicine" mit Militärausrüstung und Jets unterziehen sollen, erhalten sie ein Telegramm, in dem der Abbruch des Projekts mitgeteilt wird. Die Navy ist nicht bereit, ihr Equipment für ein inoffizielles Projekt bereitzustellen. Im Mai 2007 verleiht die „University of Wisconsin-Oshkosh" den damals noch acht lebenden Frauen von „Mercury 13" Ehrendoktortitel für ihren „Pioniergeist und die Anstrengungen bei der Weiterentwicklung der Frauenrechte".

16. Juni 1963: Die russische Kosmonautin Walentina Tereschkowa startet in Baikonur (Kasachstan) an Bord des Raumschiffes „Wostock VI" als erste Frau ins Weltall. Sie umkreist 49 Mal die Erde, bevor sie am 19. Juni 1963 in Novosivbirsk landet.

26. August 1963: Diana Barnato Walker (1918–2008) durchbricht als erste Britin die Schallmauer.

19. März bis 17. April 1964: Geraldine „Jerry" Mock fliegt als erste Amerikanerin erfolgreich um die Welt. Vor ihr hatte dies 1931 schon die deutsche Fliegerin Elly Beinhorn getan. Weil der Weltflug von Elly Beinhorn in den USA nicht allgemein bekannt ist, wird Geraldine „Jerry" Mock dort oft irrtümlich als Frau erwähnt, die als Erste um die Welt geflogen sein soll.

Juni 1966: Berta Zeron (1924–2000) wird die erste Frau in Mexiko mit einem kommerziellen Pilotenschein.

1966: Die britische Pilotin Sheila Scott (1927–1988) fliegt 50.000 Kilometer in 189 Flugstunden.

1967: Ursula Bühler-Hedinger (1943–2009) wird die erste schweizerische Linienpilotin und Jetpilotin.

28. März 1967: Fiorenza de Bernardi wird die erste Airline-Pilotin in Italien (nach eigenen Angaben die fünfte der Welt) und im selben Jahr in ihrem Heimatland auch der erste weibliche Flugkapitän.

1969: Turi Wideroe wird der erste weibliche Luftverkehrspilot bei einer großen Fluggesellschaft in Norwegen. Sie fliegt im Dienste der „Scandinavian Airlines Systems" („SAS").

28. Juni 1971: Die amerikanische Pilotin Louise Sacchi (1913–1997) stellt bei einem Flug von New York City nach London innerhalb von 17 Stunden 10 Minuten einen Geschwindigkeitsrekord auf.

1971: Sheila Scott fliegt bei einem Langstreckenflug über 50.000 Kilometer als erste Frau mit einem Leichtflugzeug über den Nordpol.

29. Januar 1973: Emily Howell Warner wird die erste Pilotin für eine kommerzielle Airline in den USA.

22. Februar 1974: Barbara Allen Rainey (1948–1982), geborene Barbara Ann Allen, wird die erste Marinepilotin der US-Marine („United States Navy").

4. Juni 1974: Sally Murphy qualifiziert sich als erste Frau als Pilotin für die „United States Army".

1974: Die Italienerin Fiorenza di Bernardi wird die erste Gletscherpilotin der Welt.

1974: Die Amerikanerin Marry Barr wird die erste Pilotin in der Forstwirtschaft („United States Forest Service") der Vereinigten Staaten.

1974: Captain Leslie F. Kenne wird die erste Frau an der Testpilotenschule der US-Luftwaffe.

1974: Wally Funk wird die erste Inspektorin der Flugsicherung innerhalb der amerikanischen Verkehrsbehörde „National Transportation Safety Board" („NTSB") in Washington D.C. Die „NTSB" befasst sich mit der Aufklärung von Unglücksfällen im Transportwesen (Eisenbahnen, Luftfahrt, Schifffahrt, Pipelines und Autobahnen). Für die Luftfahrt entspricht der Aufgabenbereich der Bundesstelle für Flugunfalluntersuchung in Deutschland.

6. Juni 1976: Emily Howell Warner wird der erste weibliche Kapitän einer US-Airline.

Ende 1976: Die deutsche Pilotin Rita Maiburg (1951–1977) wird der erste und einzige weibliche Flugkapitän im regulären

Liniendienst der westlichen Welt. Die Bulgarin Maria Atanasova kommandiert damals eine düsengetriebene Frachtmaschine, die Engländerin Yvonne Sintes ist Captain bei einer britischen Chartergesellschaft.

1976: Rosemary Bryant Mariner fliegt als erste Frau ein leichtes Kampfflugzeug.

1978: Rhea Seddon, Kathryn Sullivan, Judith A. Resnik (1949–1986), Sally Kristen Ride, Anna Lee Fisher und Shannon Lucid werden als erste Frauen in das Astronautencorps der „NASA" aufgenommen.

11. April 1980: Eleanor Conn unternimmt mit ihrem Ehemann Sidney Conn die erste Ballonfahrt über den Nordpol.

2. Juli 1980: Die Amerikanerin Lynn Rippelmeyer fliegt als erste Frau einen Jumbo-Jet „Boeing 747".

3. Dezember 1980: Die Amerikanerin Janice Brown unternimmt in der Nähe von Marana (Arizona) mit einem kleinen Solarflugzeug namens „Solar Challenger" den ersten Langstrecken-Solarflug (Flugstrecke 6 Meilen, Flugzeit 22 Minuten).

1980: Deborah Jane Lawrie wird die erste Pilotin bei einer australischen Fluggesellschaft.

14. Februar 1981: Neta Snook (1896–1991) ist mit 85 Jahren die älteste Pilotin der USA.

11. März 1981: Die Amerikanerin Doris Grove stellt mit 1.127,68 Kilometern einen Segelflug-Weltrekord auf.

17. Dezember 1982: Die amerikanische Pilotin Mary Haizlip (1910–1997) wird als erste Frau in der Luft- und Raumfahrt in die „Oklahoma Aviation and Space Hall of Fame" aufgenommen.

18. Juni 1983: Die Astronautin Sally Kristen Ride fliegt als erste Amerikanerin im Weltall.

1983: Regula Eichenberger wird die erste Linienpilotin bei einer schweizerischen Airline („Crossair").

19. Juli 1984: Die amerikanische Pilotin Lynn Rippelmeyer fliegt als erster weiblicher Kapitän mit einer „Boeing 747" über den Atlantik. Der Start erfolgt in Newark, die Landung in London-Gatwick.

19. Juli 1984: Die amerikanische Pilotin Beverly Lynn Burns fliegt als erster weibliche Kapitän mit einer „Boeing 747" über die USA. Ihr historischer Flug mit einer Maschine der Fluggesellschaft „PEOPLExpress" führt von Newark nach Los Angeles.

25. Juli 1984: Die sowjetische Kosmonautin Swetlana Sawizkaja unternimmt als erste Frau einen Spaziergang im Weltall.

11. Oktober 1984: Die Astronautin Kathryn Dwyer Sullivan unternimmt als erste Amerikanerin einen Spaziergang im All.

14. Dezember 1986: Die amerikanische Astronautin Jeana Yeaeger startet zusammen mit Dick Rutan mit einem Voyager-Flugzeug zur ersten Nonstop-Weltraumumrundung ohne Auftanken und Zwischenlanden. Sie fliegen in 9 Tagen 3 Minuten 44 Sekunden eine Strecke von insgesamt 42.120 Kilometern.

1989: Gaby Kennard fliegt als erste Australierin mit einem Flugzeug des Typs „Piper Saratoga" namens „Gerty" in 99 Tagen allein um die Welt.

1990: Allana Arnot (geb.oren 1967) fliegt als erste Australierin mit einem Hubschrauber um die Welt.

1990: Rosemary Bryant Mariner wird die erste Kommandantin einer operativen Fliegerstaffel in den USA.

Winter 1990: Rosella Bjornsön wird der erste weibliche Kapitän für eine kommerzielle Fluggesellschaft in Kanada.

14. Mai 1992: Die amerikanische Astronautin Kathryn Thornton unternimmt den längsten Spaziergang im Weltall. Er dauert 7 Stunden 44 Minuten.

12. bis 20. September 1992: Carol Mae Jemison fliegt mit der Raumfähre „Endeauvour" als erste afro-amerikanische Astronautin im Weltall.

1. Oktober 1992: Die Amerikanerin Victoria („Vicki") von Meter (1982–2008) erregt als jüngste Fliegerin der Welt großes Aufsehen. Sie steuert als Zehnjährige erstmals ein Flugzeug,

25. März 1993: Die Britin Barbara Hamer ist die erste Frau, die – als Erster Offizier und Kopilotin – mit einem kommerziellen Überschallflugzeug fliegt. Dies geschieht bei einem Flug mit „British Airways" auf der „Concorde" von London nach New York City.

20. bis 23. September 1993: Vicki van Meter überfliegt im Alter von elf Jahren die USA – von Augusta (Maine) nach San Diego (Kalifornien).

1993: Sarah Deal wird erster weiblicher Pilot des „United States Marine Corps".

21. April 1994: Jackie Parker qualifiziert sich als erste Pilotin für das F-16-Kampfflugzeug.

4. bis 7. Juni 1994: Vicki van Meter überfliegt im Alter von zwölf Jahren den Atlantik.

12. Juli 1994: Die elfjährige Amerikanerin Katrina Mumaw wird das „schnellste Kind der Welt": Sie bricht zusammen mit einem russischen Piloten in einem „MiG-29"-Kampfjet die Schallmauer.

1994: Kara Hultgreen (1965–1994) wird die erste Kampfpilotin der US-Marine in einer „F-14 Tomcat".

3. Oktober 1994 bis 22. März 1995: Die Russin Elena Kondakowa, nach anderer Schreibweise Yelena Vladimirovna Kondakova, unternimmt den ersten Dauerflug einer Frau im All.

3. bis 11. Februar 1995: Eileen Collins wird die erste amerikanische Raumfährenpilotin bzw. Shuttlepilotin.

1995: Martha McSally unternimmt bei der Operation „Southern Watch" als erste Pilotin der US-Luftwaffe (von Kuwait aus) Kontrollflüge in feindlichem Gebiet (Irak). Sie ist die erste Pilotin der „U.S. Air Force", die mit einem Militärflugzeug über Feindgebiet fliegt.

22. März bis 26. September 1996: Shannon Lucid wird mit einem 188 Tage langen Flug die Amerikanerin, die sich am längsten im Weltraum aufhält.

19. November 1997: Kalpana Chawla (1961–2003) unternimmt mit der amerikanischen Raumfähre „Columbia" als erste Inderin einen Flug im Weltall.

16. Dezember 1998: Kendra Williams, Leutnant bei der „United States Navy", bombardiert bei der Operation „Desert Fox" als erster weiblicher Kampfpilot der USA über dem Irak ein feindliches Ziel.

12. Januar 1999: Erstmals ist das Cockpit einer „Swissair"-Maschine ausschließlich mit Frauen besetzt: Kapitän Gabrielle Musy-Lüthi und Kopilotin Claudia Wehrli fliegen einen „Airbus A320" von Zürich-Kloten nach Paris.

23. bis 28. Juli 1999: Eileen Collins wird die erste Kommandantin einer amerikanischen Raumfähre („Space Shuttle").

Januar bis Mai 2001: Die Britin Polly Vacher unternimmt als erste Frau mit einem Kleinflugzeug („Piper PA-28 Cherokee Dakota G-FRGN") – über Australien – einen Flug um die Welt.

6. Mai 2003 bis 27. April 2004: Polly Vacher fliegt von Birmingham aus über den Nordpol, die Antarktis und alle Erdteile. Damit wird sie die erste Frau, die allein die Polarregionen überquert. Bei diesem Unternehmen fliegt sie auch innerhalb von 16 Stunden von Hawaii nach Kalifornien.

Um 2005: Hanadi Zakaria al-Hindi wird der erste weibliche Flugkapitän in Saudi-Arabien.

13. März 2006: Die amerikanische Pilotin Elizabeth A. Okoreeh-Baah fliegt als erste Frau ein senkrecht startendes „V-22 Osprey Tiltrotor"-Flugzeug.

2006: Nicole Malachowski wird als erste Frau bei den „Thunderbirds", einer Kunstflugstaffel der Luftstreitkräfte der USA, aufgenommen.

18. bis 29. September 2006: Die amerikanisch-iranische Multimillionärin Anoushe Ansari wird der erste weibliche Weltraumtourist, der erste weibliche Muslim und die erste Iranerin im Weltraum. Sie startet am 18. September 2006 mit einem Sojus-Raumschiff zur „Internationalen Raumstation" („ISS"), erreicht am 20. September die „ISS" und kehrt am 29. September 2006 mit „Sojus TMA-8" zur Erde zurück.

Autor Ernst Probst,
Foto: Klaus Benz, Fotograf, Mainz-Laubenheim

DER AUTOR

Ernst Probst, geboren am 20. Januar 1946 in Neunburg vorm Wald im bayerischen Regierungsbezirk Oberpfalz, ist Journalist und Wissenschaftsautor. Er arbeitete von 1968 bis 1971 als Redakteur bei den „Nürnberger Nach-richten", von 1971 bis 1973 in der Zentralredaktion des „Ring Nordbayerischer Tageszeitungen" in Bayreuth und von 1973 bis 2001 bei der „Allgemeinen Zeitung", Mainz. In seiner Freizeit schrieb er Artikel für die „Frankfurter Allgemeine Zeitung", „Süddeutsche Zeitung", „Die Welt", „Frankfurter Rundschau", „Neue Zürcher Zeitung", „Tages-Anzeiger", Zürich, „Salzburger Nachrichten", „Die Zeit", „Rheinischer Merkur", „Deutsches Allgemeines Sonntagsblatt", „bild der wissenschaft", „kosmos", „Deutsche Presse-Agentur" (dpa), „Associated Press" (AP) und den „Deutschen Forschungsdienst" (df). Aus seiner Feder stammen die Bücher „Deutschland in der Urzeit" (1986), „Deutschland in der Steinzeit" (1991), „Rekorde der Urzeit" (1992), „Dinosaurier in Deutschland" (1993 zusammen mit Raymund Windolf) und „Deutschland in der Bronzezeit" (1996). Ab 2000 veröffentlichte er eine 14-bändige Taschenbuchreihe über berühmte Frauen. Von 2001 bis 2006 betätigte sich Ernst Probst als Buchverleger. Bis heute schrieb er mehr als 300 Bücher, Taschenbücher und Broschüren.

Kurzbiografien von Ernst Probst über „Königinnen der Lüfte"

Aida de Acosta. Erster Alleinflug mit einem lenkbaren Luftschiff
Elsa Andersson. Die erste Pilotin aus Schweden
Jacqueline Auriol. Sie durchbrach als erste Europäerin die Schallmauer
Liesel Bach. Deutschlands erfolgreichste Kunstfliegerin
Pancho Barnes. Amerikas erste Stuntpilotin
Maryse Bastié. Die Fliegerin, die acht Weltrekorde brach
Jean Batten. Neuseelands berühmteste Pilotin
Melli Beese. Die erste Deutsche mit Pilotenlizenz
Elly Beinhorn. Deutschlands Meisterfliegerin
Vera von Bissing. Eine Kunstfliegerin der 1930-er Jahre
Sophie Blanchard. Die erste professionelle Luftschifferin
Adrienne Bolland. Die erste Frau, die über die Anden flog
Hélène Boucher. Die französische „Wunderfliegerin"
Kalpana Chawla. Die erste Inderin im Weltall
Jacqueline Cochran. Die „schnellste Frau der Welt"
Bessie Coleman. Die erste Afro-Amerikanerin mit Pilotenschein
Eileen Collins. Die erste Raumfähren-Pilotin
Hélène Dutrieu. Die erste Pilotin in Belgien
Amelia Earhart. Die erste Frau, die zwei Mal über den Atlantik flog
Ruth Elder. Die erste Frau, die den Flug über den Atlantik wagte

Marga von Etzdorf. Die tragische deutsche Fliegerin
Elise Garnerin. Die „Venus im Ballon"
Sabiha Gökcen. Die erste türkische Pilotin
Frances Wilson Grayson. Tragischer Flug über den Atlantik
Hilda Hewlett. Die erste britische Fliegerin
Maryse Hilsz. Die Rekordfliegerin aus Frankreich
Luise Hoffmann. Die erste deutsche Einfliegerin
Kara Spears Hultgreen. Die erste „F-14 Tomcat"-
Kampfpilotin
Laura Ingalls. Die erste Amerikanerin, die über
Südamerika flog
Carol Mae Jemison. Die erste afro-amerikanische
Astronautin
Amy Johnson-Mollison. Englands erste
Flugzeugmechanikerin
Thea Knorr. Eine frühe Fliegerin in München (zusammen
mit Josef Eimannsberger)
Raymonde de Laroche. Die erste Pilotin der Welt
Ruth Law. Erste Luftpost für die Philippinen
Anne Morrow Lindbergh. Die erste Amerikanerin
mit Segelflugschein.
Anne Löwenstein-Wertheim. Die fliegende Prinzessin
Shannon Lucid. Der längste Raumflug einer Frau
Angelika Machinek. Eine Segelfliegerin der Weltklasse
Rita Maiburg. Einer der ersten weiblichen
Linienflugkapitäne
Beryl Markham. Die erste Berufspilotin in Ostafrika
Marie Marvingt. Die „Mutter der Luftambulanz"
Christa McAuliffe. Die amerikanische Nationalheldin
Victoria van Meter. Die jüngste Fliegerin der Welt
Jerry Mock. Im Alleinflug um die Erde

Mathilde Moisant. Eine frühe Fliegerin in den USA
Käthe Paulus. Deutschlands erste Luftschifferin
Thérèse Peltier. Die erste Flugzeugpassagierin der Welt
Harriet Quimby. Die erste Amerikanerin mit Flugschein
Bessica Medlar Raiche. Eine der ersten Fliegerinnen
in den USA
Barbara Allen Rainey. Die erste Marinepilotin
der USA
Thea Rasche. The Flying Fräulein
Marina Raskowa. Eine fliegende „Heldin
der Sowjetunion"
Wilhelmine Reichard. Die erste Ballonfahrerin
in Deutschland
Hanna Reitsch. Die Pilotin der Weltklasse
Sally Kristen Ride. Die erste Amerikanerin
im Weltall
Swetlana Sawizkaja. Die erste Spaziergängerin im Weltall
Christl-Marie Schultes. Die erste Fliegerin in Bayern
Blanche Stuart Scott. Die erste Amerikanerin, die ein
Flugzeug flog
Melitta Schenk Gräfin von Stauffenberg.
Deutsche Heldin mit Gewissensbissen
Katherine Stinson und Marjorie Stinson. Die fliegenden
Schwestern
Kathryn Dwyer Sullivan. Rekordspaziergängerin
im Weltall
Walentina Tereschkowa. Die erste Frau im Kosmos
Élisabeth Thible. Die erste Passagierin einer Montgolfière
Kathryn Thornton. Berühmte Spaziergängerin
im Weltall
Sabine Trube. Die deutsche Düsenjet-Kommandantin

Beate Uhse. Deutschlands erste Stuntpilotin
Nancy Bird Walton. Australiens erste und jüngste
Verkehrspilotin

Bestellungen von Broschüren oder E-Books bei:
www.grin.com

Bücher von Ernst Probst

Christl-Marie Schultes. Die erste Fliegerin in Bayern
(zusammen mit Theo Lederer)
Frauen im Weltall
Königinnen der Lüfte
Königinnen der Lüfte von A bis Z. Biografien berühmter
Fliegerinnen, Ballonfahrerinnen, Luftschifferinnen,
Fallschirmspringerinnen und Astronautinnen
Drei Königinnen der Lüfte in Bayern. Thea Knorr –
Christl-Marie Schultes – Lisl Schwab (zusammen mit
Josef Eimannsberger)
Königinnen der Lüfte in Deutschland
Königinnen der Lüfte in Frankreich
Königinnen der Lüfte in England, Australien
und Neuseeland
Königinnen der Lüfte in Europa
Königinnen der Lüfte in Amerika
Sturzflüge für Deutschland. Kurzbiografie der Testfliegerin
Melitta Schenk Gräfin von Stauffenberg (zusammen mit
Heiko Peter Melle)
Theo Lederer. Ein Flugzeugsammler in Bayern
Tony und Bruno Werntgen. Zwei Leben für die Luftfahrt
(zusammen mit Paul Wirtz)

Bestellungen bei: www.grin.com